INHALT

Was will dieses Heft leisten?

Vor allem zweierlei: Sachkenntnis vermitteln und gleichzeitig Sprachkompetenz fördern. Alles Sachlernen in der Schule ist zugleich auch Deutschunterricht.

So lernen Kinder mit diesem Heft

- Aufmerksam lesen: Gelesenes geistig aufnehmen und verarbeiten kann nur, wer sich Zeit lässt und mit dem Text arbeitet. Flüchtiges Lesen bringt außer dem vermeintlichen Zeitgewinn kaum Lernzuwachs.
- Sich intensiv mit dem Thema befassen: Lesen, Schreiben, Zeichnen, Nachschlagen, Memorieren, Vortragen - all das fördert die Konzentration des Schülers. Er lernt gleichzeitig, wie man lernt.
- Während des Arbeitens soll eine Atmosphäre der konzentrierten Stille herrschen. Dafür sorgt der Lehrer. Lärm ist einer der Hauptstressoren, die der geistigen Arbeit abträglich sind.
- Fragen werden in ganzen Sätzen beantwortet, Geschriebenes sorgfältig kontrolliert. Wir füllen nicht nur Lücken, sondern schreiben in Hefte.
  Nimm dir Zeit zum Lernen, sagt die Lendersdorfer Schnecke!

Der „Frühling" ist natürlich auf 32 Seiten nicht ausführlich zu behandeln. Jedoch ist der Stundenplan auch mit vielen anderen Dingen gefüllt. Die vorliegenden Arbeitsaufgaben können zur Stationenarbeit eingesetzt werden, dienen aber auch der inneren Differenzierung oder dem allgemeinen Unterricht. Die Lösungen erleichtern die Kontrolle durch den Lehrer, bzw. die Selbstkontrolle. Wir wünschen allen, die mit diesem Heft arbeiten, viel Freude und - guten Lernerfolg!

Katja Stach

Die Jahreszeiten

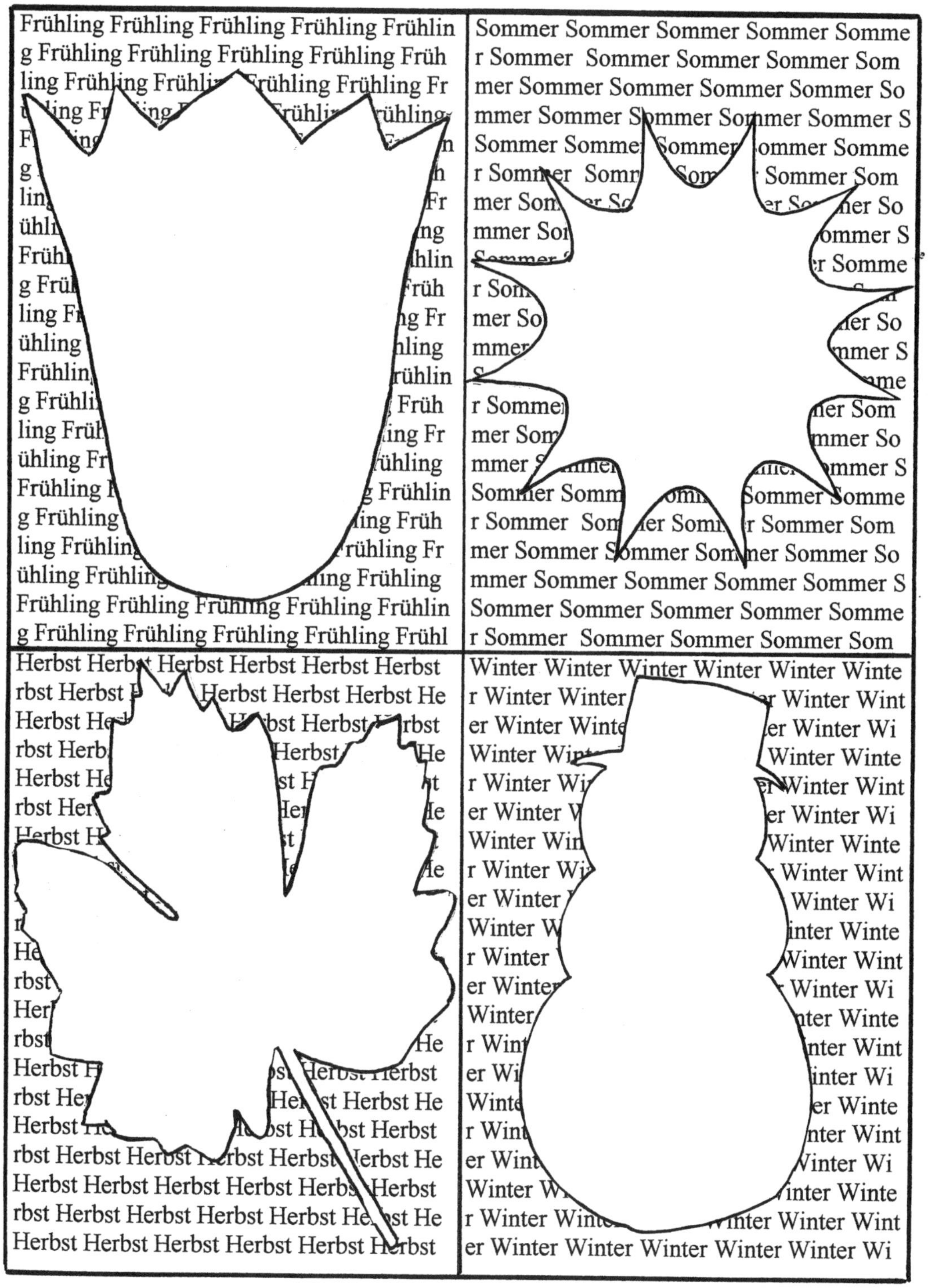

Schreibe in die Symbole Begriffe, die dir zu der jeweiligen Jahreszeit einfallen.

Zeit zum Lernen
Stolz Verlag Lernwerkstatt Frühling Best.-Nr. 285

Der <u>unzufriedene</u> Esel

Ein Esel litt im Winter arg unter der großen Kälte. Er hungerte, weil er nur karges[1] Futter bekam. Er seufzte: „Ach, wenn doch erst der Frühling käme!" Als es dann Frühling geworden war, musste er Mist auf den Acker[2] tragen und andere schwere Arbeiten verrichten[3].
Sehnsüchtig hoffte er nun auf den Sommer. Als es soweit war, musste er vom Sonnenaufgang bis zum Sonnenuntergang Dienste[4] tun im Feld und auf dem Hof. Zum Ausruhen kam er überhaupt[5] nicht mehr. Und nun wünschte der Esel, es wäre Herbst. Doch auch dann musste er rackern[6]. Früchte galt es nun vom Feld nach Hause zu tragen[7], schwere Holzbündel wurden ihm auf den Rücken gebunden[8]. Endlich nun kam wieder der Winter heran, und diesmal war der Esel völlig zufrieden.

nach Aesop

1. ____________
2. ____________
3. ____________
4. ____________
5. ____________
6. ____________
7. ____________
8. ____________

Arbeitsanweisungen

1. Kannst du die unterstrichenen Wörter durch andere, passende Begriffe ersetzen? Der Sinn muss erhalten bleiben.

2. An jeder Jahreszeit hat der Esel etwas auszusetzen. Schreibe auf, was das jeweils ist.

Winter	Sommer
Frühling	Herbst

Stolz Verlag Lernwerkstatt Frühling Best.-Nr. 285

Frühlingserwachen

Am 31. März ist Frühlingsanfang. Der Frühling ist die Zeit, in der neues Leben entsteht. Die Menschen sind froh, dass die Tage wieder länger werden, und sie genießen die ersten wärmenden Sonnenstrahlen. Die Natur belebt sich. Bäume und Wiesen werden grün, erste Blumen sprießen und öffnen ihre Blütenblätter. Viele Tiere erwachen aus dem Winterschlaf. Die Singvögel sind aus dem Süden zurückgekehrt. Wir hören sie morgens vielstimmig singen und beobachten, wie sie eifrig mit dem Nestbau beschäftigt sind. Im Frühling werden viele Jungtiere geboren. Überall ist das Frühlingserwachen zu spüren.

Arbeitsanweisungen

1. *Unterstreiche im Text alle Namenwörter (Substantive).*
2. *Schreibe sie in alphabetischer Reihenfolge auf. Wörter, die mehrmals vorkommen, müssen nur einmal geschrieben werden. Du brauchst für die Vorarbeiten ein Notizheft.*

1. ________________
2. ________________
3. ________________
4. ________________
5. ________________
6. ________________
7. ________________
8. ________________
9. ________________
10. ________________
11. ________________
12. ________________
13. ________________
14. ________________
15. ________________
16. ________________
17. ________________
18. ________________
19. ________________
20. ________________

Zeit zum Lernen

Stolz Verlag Lernwerkstatt Frühling Best.-Nr. 285

Der Frühling

(Heinrich Seidel)

Was rauschet, was rieselt, was rinnet so schnell?
Was blitzt in der Sonne? Was schimmert so hell?
Und als ich so fragte, da murmelt der Bach:
„Der Frühling, der Frühling, der Frühling ist wach!"

Was knospet, was keimet, was duftet so lind?
Was grünet so fröhlich? Was flüstert der Wind?
Und als ich so fragte, da rauscht es im Hain:
„Der Frühling, der Frühling, der Frühling zieht ein!"

Was klingelt, was klaget, was flötet so klar?
Was jauchzet, was jubelt so wunderbar?
Und als ich so fragte, die Nachtigall schlug:
„Der Frühling, der Frühling!" – da wusst' ich genug!

Arbeitsanweisungen

1. Lies das Gedicht von Heinrich Seidel. Bemühe dich um gute Betonung!
2. Welche Aussagen in den grauen Kästchen passen zu welcher Strophe? Schreibe!

A Wenn der Frühling einkehrt, wird die Natur wieder grün. Pflanzen beginnen zu keimen und zu blühen. Die Blätter an den Bäumen sprießen.

B Wenn der Frühling einkehrt, erwachen Tiere aus dem Winterschlaf. Zugvögel kehren zurück und singen uns ihre Lieder.

C Wenn der Frühling einkehrt, verändert sich das Wetter. Das Eis auf Seen und Bächen schmilzt, das Wasser kann wieder fließen.

Stolz Verlag Lernwerkstatt Frühling Best.-Nr. 285

Zusammengesetzte Wörter

Arbeitsanweisungen

Schreibe alle zehn zusammengesetzte Frühlingsbegriffe unten auf. Wenn du sie richtig zuordnest, entstehen Reimwörter.

_______________ – Kaufhausgewühle
_______________ – Hochzeitskleid
_______________ – Brotkrumen
_______________ – Lebensretter
_______________ – Elfengesang
_______________ – Essensrest
_______________ – Regentonne
_______________ – Straßenschmutz
_______________ – Engelsgesicht
_______________ – Kinderlachen

Zeit zum Lernen
Stolz Verlag Lernwerkstatt Frühling Best.-Nr. 285

Eine Frühlingsgeschichte

An einem sonnigen Morgen liegt Ole auf einer bunten Frühlingswiese und schaut in den Himmel. Er sieht Wolken, die wie Zuckerwatte aussehen. Einige Vögel fliegen dort oben herum. „Ob sie mich wohl auch sehen?" denkt Ole verträumt. Unter sich spürt er das weiche Gras. Seine Haut wird von den Sonnenstrahlen erwärmt. Ein sanfter Wind streicht über Oles Gesicht. Er macht die Augen zu. So liegt er ganz entspannt da, als ihn plötzlich etwas an der Nase kitzelt. Ole öffnet die Augen ...

Lies die Geschichte und erfinde ein Ende.

Stolz Verlag Lernwerkstatt Frühling Best.-Nr. 285

Frühlingssätze puzzeln

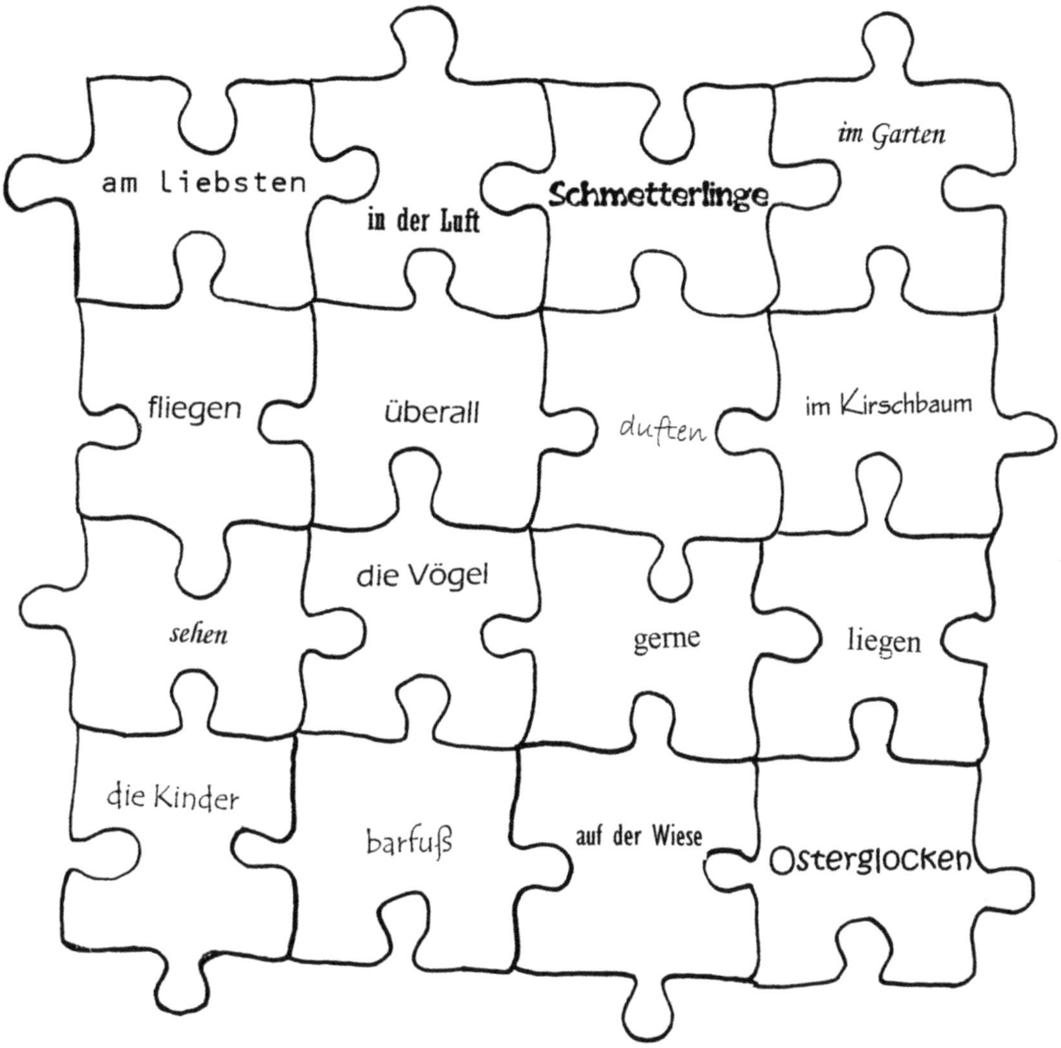

Arbeitsanweisung

Bilde aus den Satzteilen möglichst viele sinnvolle Frühlingssätze.

Fehlt dir ein besonderes Wort für einen Satz?

Trage es in das einzelne Puzzleteil ein, dann darfst du es benutzen.

Frühblüher

Kaum schmilzt der Schnee, stecken auch schon die ersten Blumen die Köpfe aus der Erde. Hier sind die wichtigsten einheimischen Frühblüher. Kennst du sie?

MERKMALE

Schneeglöckchen Die glockenförmigen, weißen Blüten dieser kleinen Pflanze hängen nach unten.

Hyazinthe Die blauen, weißen oder rosaroten Blüten stehen wie Trauben beieinander. Die Blätter der Hyazinthe sind schwertförmig und spitz.

Osterglocke Die Osterglocke hat sechs sternförmig angeordnete Blütenblätter sowie eine Krone in der Mitte der Blüte. Meist sind die Blüten gelb.

Tulpe Diese Pflanze hat eine kelchförmige, nach oben geöffnete Blüte, die aus sechs Blütenblättern besteht. Tulpen gibt es in vielen verschiedenen Farben.

Arbeitsanweisung

Lies die Merkmale aufmerksam durch. Jetzt kannst du die Namen der abgebildeten Frühlingsblumen richtig zuordnen. Schreibe sie in die grauen Felder. Male die Blumen an.

Zeit zum Lernen

Stolz Verlag Lernwerkstatt Frühling Best.-Nr. 285

Die Osterglocke

Die Osterglocke wird auch Narzisse genannt. Betrachte die Zeichnung aufmerksam. Welcher Begriff gehört in welches Kästchen?

Stängel – Blüte – Blatt – Wurzel – Zwiebel

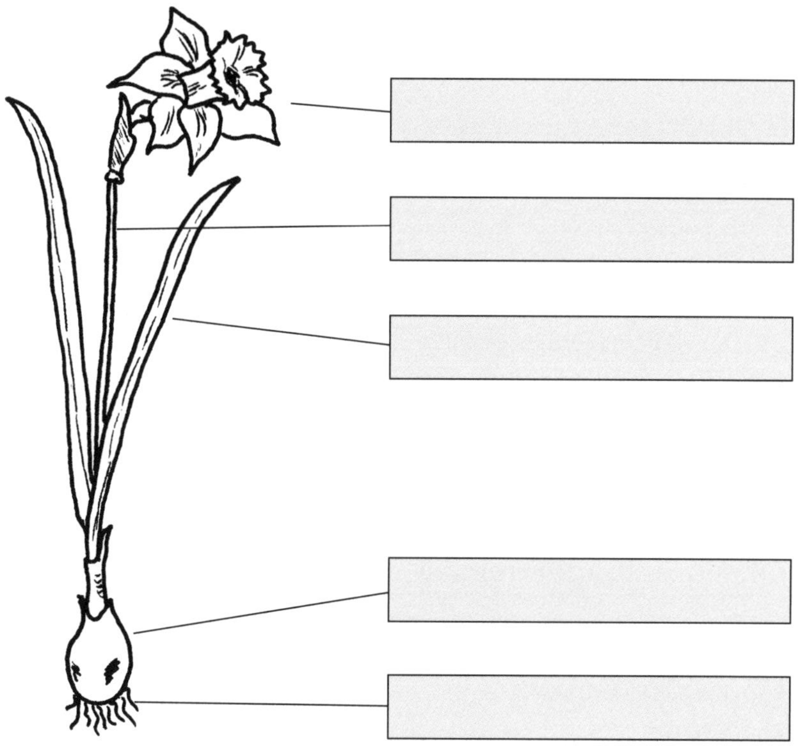

Arbeitsanweisung

Zeichne die Osterglocke von der Vorlage ab. Zeichne in dein Heft. Schreibe die richtigen Bezeichnungen dazu. (Wenn du als Vorlage eine richtige Blume bekommen kannst, ist das noch besser!) Schreibe dann den Info-Text in Schönschrift darunter.

Info-Text

In der Erde versteckt liegen <u>Zwiebel</u> und <u>Wurzeln</u> der Frühblüher. Mit den <u>Wurzeln</u> zieht die Pflanze Wasser aus der Erde. In der <u>Zwiebel</u> sammelt die Pflanze ihre Nahrungsvorräte an.

Stolz Verlag Lernwerkstatt Frühling Best.-Nr. 285

Zeit zum Lernen

Ein Frühlingsgedicht

Von Neugier gepackt,
hat die Zwiebel einen langen Hals gemacht

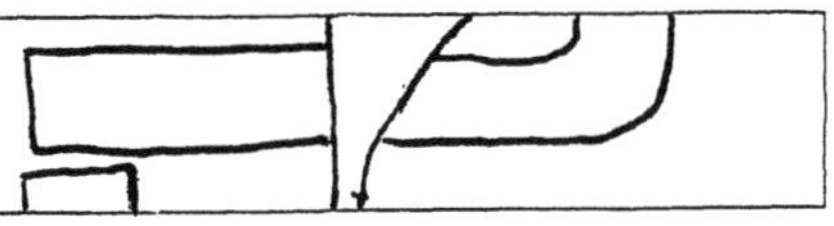

In der Erde tief
die Zwiebel schlief,
die braune.

Die Tulpe
von Josef Guggenmos

dachte die Zwiebel,
plötzlich erwacht.

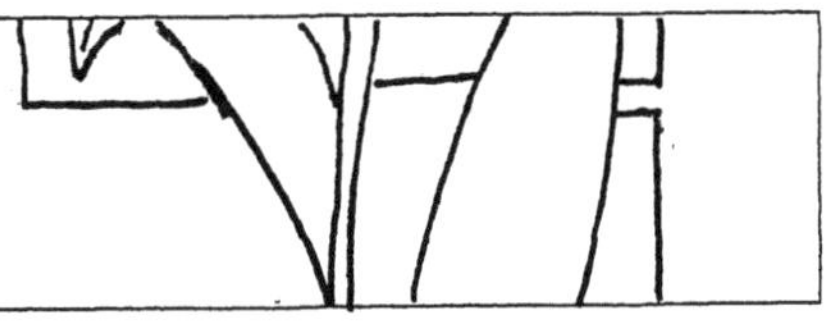

Da hat ihr der Frühling entgegengelacht.

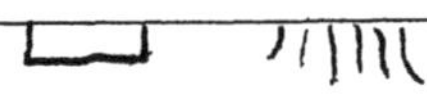

Was singen die Vögel da droben
und jauchzen und toben?

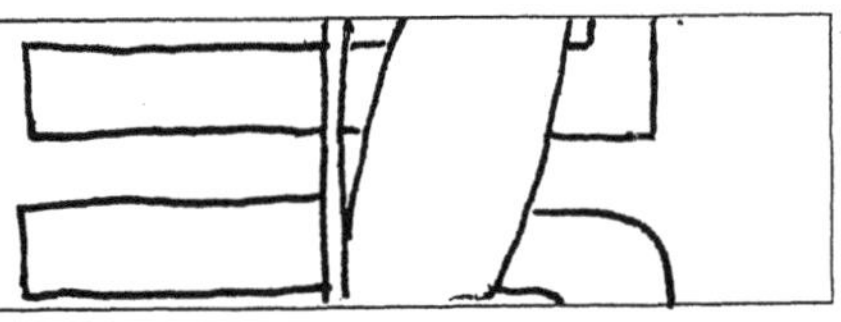

und um sich geblickt
mit einem hübschen Tulpengesicht.

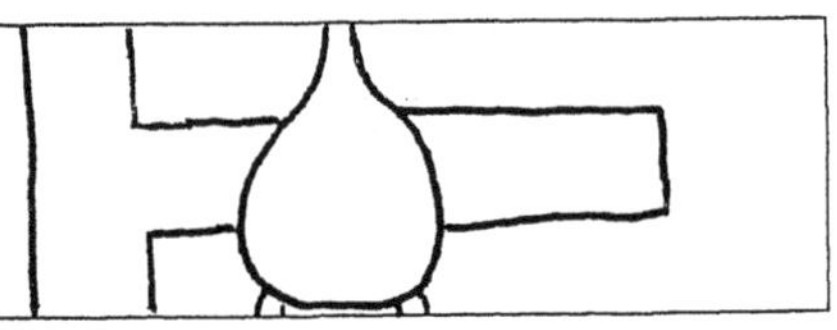

Was ist das für ein Gemunkel,
was ist das für ein Geraune,

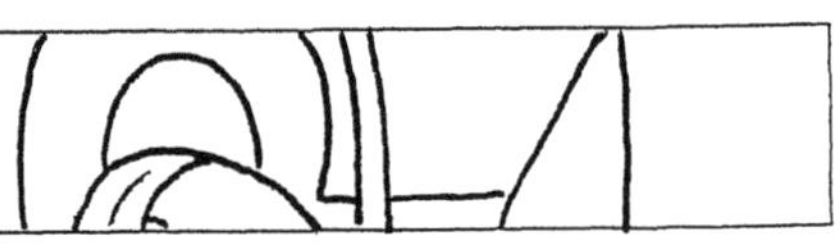

Arbeitsanweisungen

1. *Schneide die Streifen vorsichtig und sorgfältig aus, bringe sie in die richtige Reihenfolge. Kontrolliere und klebe dann auf.*
2. *Lies das Gedicht und bemühe dich um gute Betonung. Lerne es auswendig und trage vor.*

Stolz Verlag Lernwerkstatt Frühling Best.-Nr. 285

Die Amsel

Die Amsel ist ein Vogel, den wir leicht erkennen können. Das Männchen hat ein schwarzes Gefieder und einen auffallend gelben Schnabel. Das Weibchen trägt ein dunkelbraunes Federkleid, nur an der Kehle mischen sich hellere Federn darunter, so als trage sie ein kleines Lätzchen. Der Schnabel des Weibchens ist ebenfalls braun.

Arbeitsanweisungen

1. Beschrifte die Zeichnung der Amsel. Die Wörter auf den Eiern im Nest helfen dabei.

2. Male die Amsel an. Entscheide dich dabei für Männchen oder Weibchen!

Stolz Verlag Lernwerkstatt Frühling Best.-Nr. 285

Die Amseln und ihr Nachwuchs

Die Eltern müssen nun viel Nahrung für die Jungen heranbringen. Dazu fliegen Weibchen und Männchen abwechselnd los und suchen Beeren, Samen und Insekten.

Im Nest liegen nun die Eier. Meist sind es vier, es können aber auch weniger oder mehr sein. Das Männchen warnt das Weibchen mit seinen Rufen, wenn ein Feind sich nähert.

Nach etwa zwei Wochen schlüpfen die Jungen. Sie haben kein Gefieder, sie sind völlig nackt.

Im Frühling sammelt das Amselweibchen Gras, Laub, Zweige und Moos und baut damit in einer Hecke oder einem Baum das Nest.

Nach etwa zwei Wochen haben die Jungen gelernt, wie man fliegt. Das haben sie sich von den Eltern abgeguckt. Sie verlassen das Nest und suchen selbst nach Nahrung.

Die Amselfrau sorgt dafür, dass die Eier nicht kalt werden: sie sitzt ständig darauf und brütet.

Arbeitsanweisungen

1. *Du hast es schon gemerkt: die Reihenfolge stimmt nicht. Ordne den Text, indem du in jeden Kreis die passende Ziffer von 1 bis 6 schreibst.*
2. *Nach dem Ordnen kannst du den Text abschreiben. Klebe das Bild einer Amsel dazu.*

Stolz Verlag Lernwerkstatt Frühling Best.-Nr. 285

Der 1. April

In Österreich erzählen die Leute den Kindern folgende Geschichte: Vor Jahren hat am 1. April ein immer zum Spaßen aufgelegter Bauer seinen neuen Knecht in die Dorfdrogerie geschickt, um eine Tüte „Haumiblau" zu kaufen. Der Knecht, der den Dialekt der Gegend nicht kannte, war der Meinung, es handele sich dabei um ein Medikament für die kranke Bäuerin und ging, um den Auftrag zu erledigen. Als er in der Drogerie sein Begehren äußerte, wurde er ausgelacht. Und weil er gutmütig war, lachte der junge Mann mit. Auf dem Heimweg dachte er darüber nach, wie er es dem Bauern heimzahlen könnte, weil ihn dieser „in den April geschickt" hatte.

Schon seit Jahrhunderten ist es in vielen Ländern üblich, am 1. April solche Streiche zu spielen. Gelingt es, den anderen hereinzulegen, so ruft man voller Freude „April! April!" Das bedeutet soviel wie „Stimmt nicht, war alles nur ein Scherz!"

Wer A sagt, muss auch B sagen

Jemanden hinters Licht führen

Jemandem den Buckel runterrutschen

Jedes Wort auf die Goldwaage legen

Jemandem einen Bären aufbinden

Jemanden auf den Arm nehmen

Sich einen Klotz ans Bein binden

Arbeitsanweisungen

1. *Was kann „Haumiblau" heißen? Ist das ein guter Scherz? Kennst du noch weitere gute Aprilscherze? Sprecht darüber und berichtet über eure Erlebnisse!*
2. *Welche Redewendungen in den Kästchen passen zur Aussage „Jemanden in den April schicken"? Male diese Kästchen rot aus. Was bedeuten die anderen Wendungen?*

Zeit zum Lernen

Stolz Verlag Lernwerkstatt Frühling Best.-Nr. 285

Aprilwetter

„April, April – der macht, was er will!“

So lautet eine alte Bauernregel. Über viele Jahre hinweg beobachteten die Menschen das Aprilwetter und machten sich jedes Jahr Notizen. Sie stellten fest, dass der April stets mit wechselhaftem Wetter aufwartete, ganz so, als könne er sich nicht entscheiden, zu welcher Jahreszeit er gehört. Von Sonne über Regen bis hin zu Schnee und Bodenfrost kann man im April alles geboten bekommen. Im April wird aus dem Kleiderschrank alles gebraucht, heute der Wintermantel, morgen das Sonnentop.

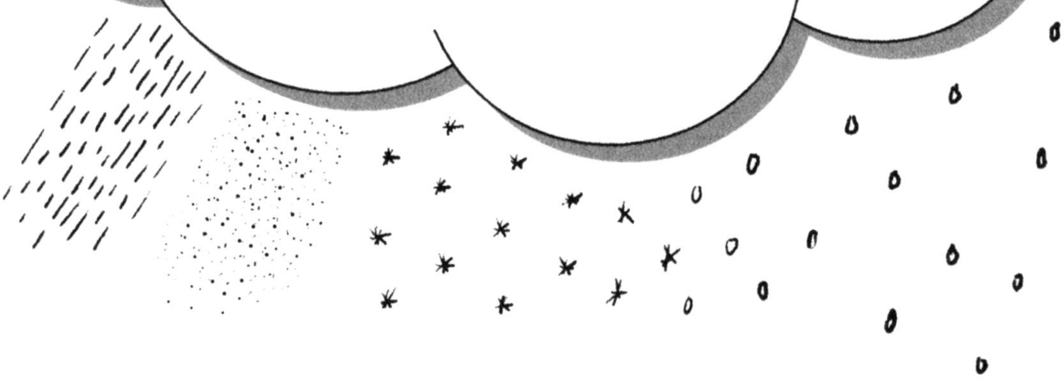

Verständnisfragen

1. Was machten die Menschen über viele Jahre hinweg?
2. Was stellten sie bei ihren Beobachtungen fest?
3. Welche Wettererscheinungen gibt es im April?
4. Welche Kleidungsstücke brauchen wir im April?

Arbeitsanweisungen

1. Lies den Text aufmerksam. Hast du alles verstanden? Wenn nicht, frage!

2. Beantworte dann die Fragen. Das kannst du mündlich oder schriftlich erledigen. Antworte aber ausführlich und formuliere stets ganze Sätze!

Zeit zum Lernen
Stolz Verlag Lernwerkstatt Frühling Best.-Nr. 285

Aprilwetter-Mobile

DU BRAUCHST:
- Tonkarton in dem Farben blau und weiß
- einen runden Gegenstand (z.B. Bierdeckel)
- Bindfaden
- Filzstifte

SO GEHT ES:

1. Zeichne auf den blauen Tonkarton die Umrisse einer großen Wolke und schneide sie aus.
2. Den runden Gegenstand – Bierdeckel – kannst du als Schablone benutzen. Zeichne damit mehrere Kreise auf weißes Tonpapier.
3. Gestalte nun die Kreise, indem du auf Vorder- und Rückseite Symbole für Aprilwetter malst: Regenschirm, Sonne, Regenbogen, Blitz usw.
4. Hänge die Scheiben mit Bindfaden an die Wolke. Nun kannst du die Wolke im Raum aufhängen.

Zeit zum Lernen

Stolz Verlag Lernwerkstatt Frühling Best.-Nr. 285

Schnee im April

von Josef Guggenmos

April – auf einmal schneit es wieder. Aus den Wolken schwebt es nieder. Frösche, die am Weiher hocken, sehn erstaunt die weißen Flocken. Sind das wohl besondre Fliegen, weiße zwar, doch leicht zu kriegen? Und sie sitzen still und faul, Augen zu, weit auf das Maul. Doch was reinfliegt – eins, zwei, drei, wird's zu Wasser. Zauberei! Zu leerem Wasser, das nichts nutzt. Man sieht sich an. Man ist verdutzt. „Dieses ist", der Dickste spricht's, ein Aprilscherz, weiter nichts. Nichts als Unfug sozusagen. Ich, Genossen, ich geh baden!" Platsch! – „Ich auch!" – „Ich auch!" – „Ich auch!" Platsch! Platsch! Platsch!, klatscht Bauch um Bauch.

Arbeitsanweisungen

1. *Du hast schon gemerkt, dass es sich bei dem Text um ein Gedicht handelt. Aber Gedichte werden doch anders aufgeschrieben, und zwar in Versen! Genau das ist jetzt deine Aufgabe. Dieses Gedicht besteht aus 9 Strophen zu je 2 Zeilen, die sich reimen. Mach es so: Markiere zuerst mit einem Farbstift die Reimwörter.*
2. *Schreibe das Gedicht in Schönschrift ab. Male etwas Lustiges in das leere Kästchen. Schneide die Zeichnung aus und klebe sie unter deinen Text.*

Zeit zum Lernen
Stolz Verlag Lernwerkstatt Frühling Best.-Nr. 285

Vitamingetränk gegen Frühjahrsmüdigkeit

Zum Frühjahrsbeginn sehen wir überall Menschen den Mund weit aufreißen: sie gähnen. Das ist die Frühjahrsmüdigkeit – die wollen wir jetzt vertreiben, und zwar mit einer „Vitaminbombe". Das bringt selbst die Müdesten wieder in Schwung!

Für ein kleines Glas benötigst du:

- eine halbe Banane
- eine halbe Kiwi-Frucht
- 80 ml kalten, naturtrüben Apfelsaft

Schritt 1: Banane und Kiwi schälen.

Schritt 2: Die Früchte in Stücke schneiden und in eine hohe Rührschüssel geben.

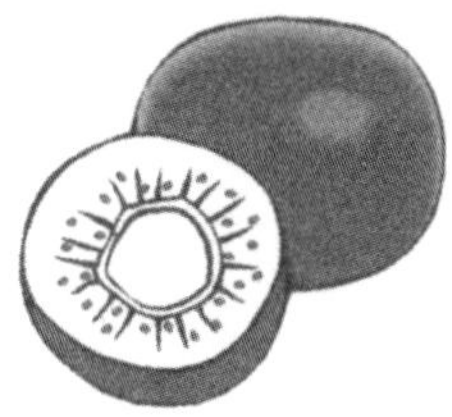

Schritt 3: Die Obststücke mit dem Pürierstab oder dem Elektromixer pürieren.

Schritt 4: Das Fruchtpüree in ein Glas geben und mit dem Apfelsaft auffüllen.

Stolz Verlag   Lernwerkstatt Frühling   Best.-Nr. 285

Österliche Bräuche

Das Osterfest
Ostern ist das wichtigste Fest der Christen. Gefeiert wird Jesu Christi Auferstehung von den Toten. Das Datum des Osterfestes ist beweglich: der Zeitpunkt ist nicht immer gleich. Ostersonntag ist immer der erste Sonntag nach dem ersten Vollmond im Frühling.

Das Osterei
Das Ei gilt den Menschen immer schon als Symbol für die Fruchtbarkeit des Lebens. Schon vor Christi Geburt wurden im Frühjahr gern rote Eier verschenkt. Heute färben wir die Ostereier bunt. Auch Schokoladeneier werden als Ostereier bezeichnet.

Der Osterhase
Jedes Kind weiß es: Der Osterhase versteckt zu Ostern die bemalten Ostereier im Garten. Kleine und große Kinder suchen dann danach. Wenn sie Glück haben, finden sie auch Süßigkeiten!

Arbeitsanweisung

Lies die Texte aufmerksam, zuerst leise, dann laut. Unterstreiche schwierige Wörter und schreibe diese konzentriert ab. Lasse dir einen Text deiner Wahl diktieren.

Findest du zehn Unterschiede? Am leichtesten fällt das Suchen, wenn du die Eier ausmalst.

Stolz Verlag Lernwerkstatt Frühling Best.-Nr. 285

Die wörtliche Rede

In einem Text werden gesprochene Worte durch Anführungsstriche hervorgehoben: Am Satzanfang sitzen die Striche unten, an seinem Ende oben. Das ist wichtig, weil der Leser dann sofort weiß, wenn jemand spricht.

Häschen kommt in einen Laden und fragt: „Hattu Zigaretten?"
Antwortet der Verkäufer: „Nein!"
Am nächsten Tag fragt Häschen wieder: „Hattu Zigaretten?"
Erwidert der Verkäufer: „Ja, hab ich extra für dich bestellt!"
Sagt Häschen: „Muttu wegschmeißen, sind ungesund!"

Arbeitsanweisung

1. Was wird im Text gesprochen? Ziehe mit einem Farbstift die Anführungsstriche nach. Schreibe nur die wörtliche Rede auf die Zeilen. Setze die Anführungsstriche!

Zeit zum Lernen
Stolz Verlag Lernwerkstatt Frühling Best.-Nr. 285

Zeit zum Lernen

Häschen-Witze

Kommen zwei Hasen nach China. Sagt der eine zum anderen: Wir hätten Stäbchen mitnehmen sollen, hier fallen wir auf mit unseren Löffeln!

Sitzt ein Häschen vor einem Schneemann und sagt: Mohrrübe her oder ich föhn dich!

Häschen ruft beim Metzger an: Hattu Eisbein? Der Metzger antwortet: Ja. Muddu warme Socken anziehen, sonst widdu krank.

Fragt Häschen den Kellner: Hattu Froschschenkel? Antwortet der Kellner: Selbstverständlich. Sagt Häschen: Na, dann hüpf mal in die Küche und hol mir 'ne Pizza.

Häschen geht zum Getränkeverkäufer und fragt: Hattu Apfelsaft?
Der antwortet: Ja.
Häschen fragt wieder: Hattu Orangensaft?
Sagt der Verkäufer: Ja, hab ich auch.
Häschen will wissen: Und hattu Traubensaft?
Genervt antwortet der Mann: Aber ja doch!
Häschen sagt: Dann hattu einen Saftladen!

Arbeitsanweisung

1. *Bei den Häschen-Witzen fehlen die Anführungsstriche der wörtlichen Rede. Wohin kommen sie? Füge sie mit Farbstift dazu.*
2. *Kennst du auch einen Häschen-Witz? Schreibe mit wörtlicher Rede auf!*

Stolz Verlag Lernwerkstatt Frühling Best.-Nr. 285

Muttertag

An jedem zweiten Sonntag im schönen Monat Mai ist ein besonderer Tag: der Muttertag. An diesem Tag denken wir an die Mutter, die mit ihrer Liebe und Fürsorge die Familie zusammenhält. Wir danken ihr für die viele Mühe, die sie sich für uns macht. Natürlich freut sich die Mutter, wenn zu Hause alles klappt, und sie freut sich auch, wenn die Kinder gesund und fröhlich sind. Zu all dem hat sie beigetragen, und am Muttertag sagen wir ihr ein herzliches „Dankeschön!" Über Blumen freut sich die Mutter sicherlich – und es müssen gar keine gekauften sein. Wenn du selbst ein Sträußlein Feldblumen pflückst, ist das möglicherweise eine noch viel größere Überraschung. Aber ob so oder anders: du solltest in jedem Fall etwas Hübsches basteln, zum Beispiel einen Blumenstecker.

Blumenstecker

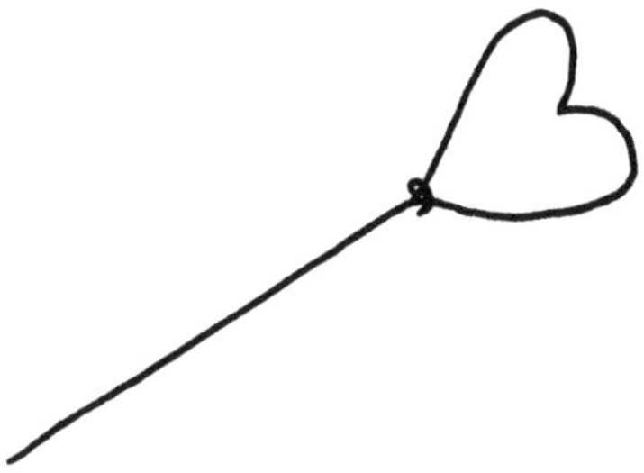

Du brauchst ein Stück Draht, ca. 1 m lang. Forme am oberen Ende ein Herz.

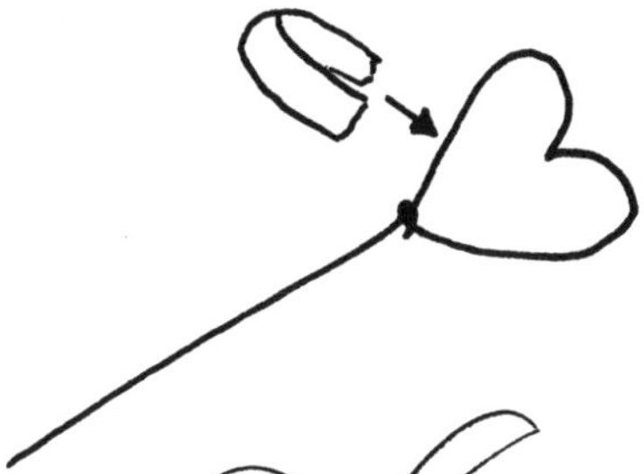

Mit rotem Transparentpapier, das du in Streifen geschnitten hast, beklebst du das Herz, bis die Fläche ausgefüllt ist. Klebe das Papier um den Draht herum.

Klebe so viele Papierschnipsel um das Herz, dass daraus zwei Schichten geworden sind. Schenke deiner Mutter eine Topfpflanze – mit dem Herz in der Erde!

Stolz Verlag Lernwerkstatt Frühling Best.-Nr. 285

Acht frühlingshafte Textaufgaben

1 Der Osterhase muss 289 Eier bemalen. 176 Eier sind bereits bunt.

2 In einem Dorf werden 9 Amselnester gesichtet. In jedem Nest liegen 5 Eier.

3 Daniela hat 36 Frühlingszwiebeln gepflanzt. Trotz frühlingshafter Temperaturen haben sieben Zwiebeln nicht ausgetrieben.

4 Marienkäfer mit je 7 Punkten auf dem Rücken krabbeln im Frühling aus ihren Winterverstecken. Kai zählt insgesamt 56 Punkte.

5 Der Osterhase hat sich auf Ostern besonders gut vorbereitet und neue Farbstifte besorgt: 12 rote, 6 blaue, 4 grüne und 14 gelbe.

6 Martina zählt in ihrem Garten 76 Osterglocken. Sie erinnert sich: Letztes Jahr waren es nur 53.

7 Auf einer Wiese stehen 84 Tulpen, die Hälfte davon mit roten Blüten.

8 Theo hat in seinem Osternest 18 Schokoladeneier. Damit besitzt er doppelt so viele wie sein älterer Bruder.

Arbeitsanweisung:

Schneide die Textaufgaben sorgfältig aus und klebe sie in dein Heft. Rechne. Schreibe zu jedem Text Frage, Rechnung und Antwort.

Zeit zum Lernen
Stolz Verlag Lernwerkstatt Frühling Best.-Nr. 285

Frühlings-Sudoku

Vervollständige das Spielfeld. Dabei darf jedes Symbol nur

- einmal pro Zeile
- einmal pro Spalte
- einmal in jedem 3x3-Feld

vorkommen.

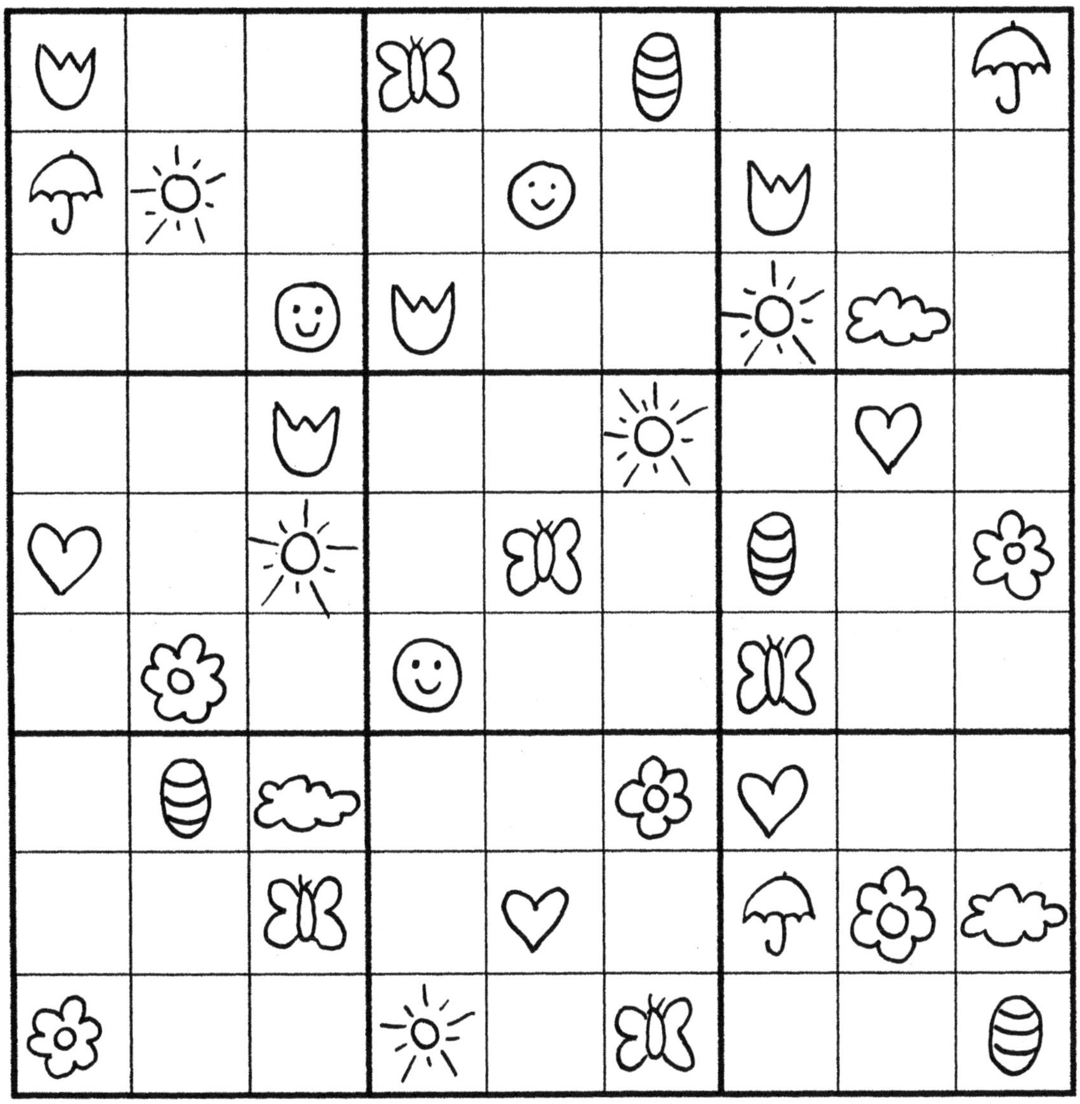

Zeit zum Lernen
Stolz Verlag Lernwerkstatt Frühling Best.-Nr. 285

Seite 6

1. wenig, spärliches, unzureichendes
2. die Wiese, das Feld
3. tun, machen, leisten
4. Arbeit(en)
5. gar
6. arbeiten, schuften
7. schleppen
8. gestapelt, geladen, gezurrt

Winter:	Im Winter hat der Esel unter der Kälte und dem wenigen Futter gelitten.
Frühling:	Nun ärgerte er sich darüber, dass er Mist auf den Acker bringen musste.
Sommer:	Der Esel verfluchte die viele Arbeit, die er an den langen, hellen Tagen erledigen musste.
Herbst:	Nun hat der Esel auszusetzen, dass er die Ernte und das Holz nach Hause schleppen muss.

Seite 7

Bäume	Natur
Blumen	Nestbau
Blütenblätter	Singvögel
Frühling	Sonnenstrahlen
Frühlingsanfang	Süden
Frühlingserwachen	Tage
Jungtiere	Tiere
Leben	Wiesen
März	Winterschlaf
Menschen	Zeit

Seite 8

Das ist die Reihenfolge von oben nach unten: C, A, B

Seite 9

Frühlingsgefühle - Kaufhausgewühle
Frühlingszeit - Hochzeitskleid
Frühlingsblumen Brotkrumen
Frühlingswetter - Lebensretter
Frühlingsanfang - Elfengesang
Frühlingsfest - Essensrest
Frühlingssonne - Regentonne
Frühlingsputz - Straßenschmutz
Frühlingsgedicht - Engelsgesicht
Frühlingserwachen - Kinderlachen

Stolz Verlag Lernwerkstatt Frühling Best.-Nr. 285

Seite 11

Beispiele: Die Kinder liegen am liebsten barfuß auf der Wiese.
Die Vögel sehen Schmetterlinge im Kirschbaum.
Im Garten sehen die Kinder überall Osterglocken.

Seite 12

Die Blumennamen in richtiger Reihenfolge:

Tulpe, Schneeglöckchen, Osterglocke, Hyazinthe

Seite 13

Die Bezeichnungen von oben nach unten:

Blüte, Stängel, Blatt, Zwiebel, Wurzel

Seite 14

Die Tulpe
von Josef Guggenmos

In der Erde tief,
die Zwiebel schlief,
die braune.
Was ist das für ein Gemunkel,
was ist das für ein Geraune,
dachte die Zwiebel,
plötzlich erwacht.

Was singen die Vögel da droben
und jauchzen und toben?
Von Neugier gepackt,
hat die Zwiebel einen langen Hals gemacht
und um sich geblickt
mit einem hübschen Tulpengesicht.
Da hat ihr der Frühling entgegengelacht.

Seite 15

Die richtige Beschriftung:

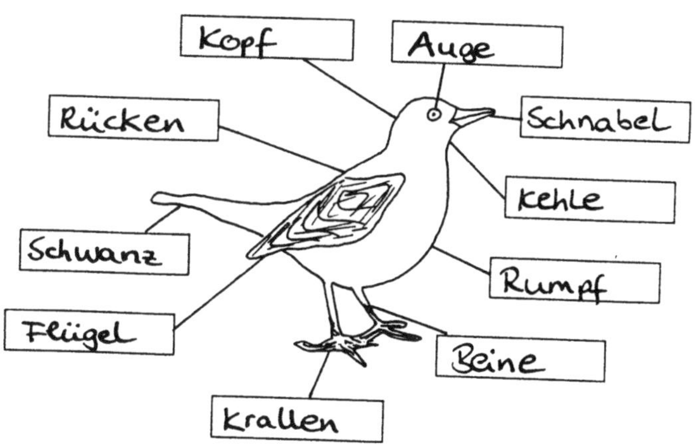

Zeit zum Lernen
Stolz Verlag Lernwerkstatt Frühling Best.-Nr. 285

Seite 16

So ist die Reihenfolge: 5 - 2 - 4 - 1 - 6 - 3

Seite 17

„Haumiblau" ist Dialekt und heißt „Hau mich blau". Der Knecht bat also in der Drogerie um eine Tracht Prügel.

Passende Redewendungen: Jemandem einen Bären aufbinden
Jemanden auf den Arm nehmen
Jemanden hinters Licht führen

Seite 20

Schnee im April

von Josef Guggenmos

April - auf einmal schneit es wieder.
Aus den Wolken schwebt es nieder.

Frösche, die am Weiher hocken,
sehn erstaunt die weißen Flocken.

Sind das wohl besondre Fliegen,
weiße zwar, doch leicht zu kriegen?

Und sie sitzen still und faul,
Augen zu, weit auf das Maul.

Doch was reinfliegt - eins, zwei, drei,
wird's zu Wasser. Zauberei!

Zu leerem Wasser, das nichts nutzt.
Man sieht sich an. Man ist verdutzt.

„Dieses ist", der Dickste spricht's,
ein Aprilscherz, weiter nichts.

Nichts als Unfug sozusagen.
Ich, Genossen, ich geh baden!"

Platsch! - „Ich auch!" - „Ich auch!" - „Ich auch!"
Platsch! Platsch! Platsch!, klatscht Bauch um Bauch.

Stolz Verlag Lernwerkstatt Frühling Best.-Nr. 285

Zeit zum Lernen

Seite 22

Die Unterschiede sind hier gekennzeichnet.

Seite 24

Häschenwitze:
Die Kontrolle kann leicht erfolgen, indem die gesprochenen Satzteile mit gelbem Marker gekennzeichnet werden. Dann wird aufmerksam nachgeschaut: Anführungsstriche unten zum Beginn der Rede, Anführungsstriche oben am Ende. Das ist eine Sache der Konzentration.

Seite 26

1. Wie viele Eier müssen noch bemalt werden? 289 - 176 = 113
2. Wie viele Eier sind es insgesamt? 5 · 9 = 45
3. Wie viele Frühblüher sprießen aus der Erde? 36 - 7 = 29
4. Wie viele Marienkäfer sind es? 56 : 7 = 8
5. Wie viele Stifte sind es insgesamt? 12 + 6 + 4 + 14 = 36
6. Wie viele Osterglocken sind es in diesem Jahr mehr? 76 - 53 = 23
7. Wie viele rote Tulpen sind es? 84 : 2 = 42
8. Wie viele Schokoladeneier hat Theos Bruder? 18 : 2 = 9

Stolz Verlag Lernwerkstatt Frühling Best.-Nr. 285

Seite 27